EXTRAIT DU BULLETIN DE LA SOCIÉTÉ DE GÉOGRAPHIE.

(MARS 1863)

RAPPORT

SUR L'OUVRAGE DE M. JULES DUVAL

INTITULÉ

HISTOIRE DE L'ÉMIGRATION EUROPÉENNE, ASIATIQUE ET AFRICAINE

AU XIXe SIÈCLE,

Par M. A. de QUATREFAGES,
Membre de l'Institut.

Messieurs,

L'ouvrage de notre collègue M. Jules Duval a été couronné en 1861 par l'Académie des sciences morales et politiques; il l'a été à la suite de deux rapports faits, l'un par M. Hippolyte Passy, l'autre par M. Franck. Cette récompense éclatante, si sérieusement motivée, me dispense d'insister sur le mérite général de l'ouvrage et simplifie beaucoup ma tâche de rapporteur. La brièveté est presque une obligation pour qui prend la parole après des juges d'une semblable autorité.

Le titre même de l'ouvrage en indique nettement le but; il précise en même temps les limites dans lesquelles l'auteur a circonscrit son œuvre essentielle. Toutefois, une introduction historique sert de préambule aux recherches détaillées portant sur le XIXe siècle. Cette introduction aurait pu être plus développée. M. Jules

Duval a certainement rencontré dans le courant de ses études sur les faits contemporains, un grand nombre de documents intéressants, instructifs, portant sur les siècles passés et dont la coordination, même rapide, aurait présenté un immense intérêt. Je ne puis m'empêcher d'exprimer le regret que ce travail n'ait pas été fait. Si les limites de temps imposées par un concours, forçaient d'abord l'auteur à se restreindre et à ne pas s'imposer une double tâche, il aurait pu, avant l'impression, ajouter à son œuvre cette annexe qui en eût grandement accru la valeur. Car, pour le phénomène social qui nous occupe, qu'on le considère, soit en lui-même, soit dans ses conséquences, pas plus que pour aucun autre, le présent n'est indépendant du passé.

Cela dit, et prenant l'ouvrage tel que l'a conçu et exécuté M. Duval, il nous restera bien peu de réserves à faire ; mais nous les ferons avec franchise. Quand il s'agit d'un travail aussi sérieux, aussi remarquable que celui de notre confrère, la liberté même de la critique me semble un éloge de plus, et elle écarte tout soupçon de camaraderie.

L'*Histoire de l'émigration* se partage en deux livres consacrés, le premier à l'*émigration libre* ou *sans engagement*, le second à l'*émigration salariée*, ou *avec engagement*. Des *déductions scientifiques et pratiques*, tirées des faits précédemment établis, résument les résultats généraux et servent de conclusions au travail entier.

Les deux sortes d'émigrations sont étudiées à un double point de vue. L'auteur s'occupe d'abord des pays d'origine, c'est-à-dire de ceux qui fournissent les masses émigrantes. Puis, il passe en revue les pays de destination, c'est-à-dire ceux qui reçoivent les masses mises en mouvement. Cette division, si simple et si logique du sujet, amène naturellement l'auteur à examiner les causes qui déterminent l'émigration et le choix de la nouvelle résidence, ainsi que les résultats qu'entraînent pour la mère patrie, d'une part, pour la colonie de l'autre, les changements du rapport des populations.

M. Duval a abordé l'étude de ces questions générales et des cas particuliers de chacune d'elles pour tous les pays du globe. Pour tous, pour les petits duchés de l'Allemagne, comme pour l'empire du milieu, il a su trouver des faits positifs, des chiffres précis qui mettent sous nos yeux un tableau remarquablement complet du mouvement des populations humaines pendant le XIXe siècle. Sans doute, à propos de ces chiffres, il faut faire une part à l'incertitude; mais c'est beaucoup, dans bien des cas, que d'avoir pu atteindre à une approximation. On comprend tout ce qu'une enquête pareille a nécessité de sérieuses et patientes recherches ; mais on comprend aussi que, pour ne pas se perdre dans ce monde de détails, il fallait joindre à une grande sagacité dans l'investigation, un esprit ferme et sûr. Aucune de ces qualités ne fait défaut à M. Duval. Le lecteur se retrouve toujours aisément au milieu de ces flots humains en marche vers des destinées inconnues; il trouve, avec la plus grande facilité, le renseignement, le fait de détail qu'il désire vérifier ou apprendre ; enfin il arrive avec l'auteur à des conclusions générales où l'élévation des vues d'ensemble frappe d'autant plus qu'elles ne sont que la déduction logique des réalités mises lentement hors de doute.

Je ne pourrais, on le comprend, suivre M. Duval dans les détails de son ouvrage. Je me bornerai à appeler l'attention sur quelques-unes des particularités les plus frappantes de ce grand phénomène de l'émigration.

On sait généralement, mais on sait d'une manière vague, qu'en Europe les populations britanniques et allemandes sont celles qui fournissent à l'émigration les plus forts contingents. M. Duval précise les chiffres et le fait ressort d'une manière bien frappante. De 1815 à 1859, près de cinq millions d'âmes ont quitté volontairement les îles Britanniques pour aller chercher une autre patrie au delà des mers. Dans le même espace de temps, plus de deux millions d'Allemands ont suivi cet exemple.

De cela seul résulterait une conséquence que M. Duval met d'ailleurs hors de doute par une foule d'autres exemples. Cette conséquence est que l'émigration est un fait extrêmement complexe dans ses causes. L'Allemand et l'Anglais sont placés presque à tous les points de vue dans des conditions très différentes, les instincts généraux des deux peuples ne sont guère moins dissemblables, et voilà pourtant qu'ils se rencontrent dans cette facilité à échanger contre un autre ciel, le ciel qui les vit naître. Voudrait-on trouver dans cet accord un caractère de race ? Bien que certaines expressions de M. Duval semblent indiquer qu'il incline quelque peu vers cette opinion, ce qui se passe dans les îles Britanniques ne permet pas de s'y arrêter. Là, en effet, ce n'est pas la race anglo-saxonne qui fournit la plus forte part à l'émigration, c'est la race celtique représentée par les Irlandais. Il est vrai que l'*Exode d'Irlande* (1847 à 1852) s'explique par un ensemble de misères lentement accumulées et de calamités accidentelles bien fait pour chasser le peuple le plus solidement enraciné au sol de ses pères; mais depuis que ce remède héroïque a replacé l'Irlande dans des conditions plus normales, cette portion du Royaume-Uni n'en fournit pas moins encore de 38 à 44 pour 100 environ de l'émigration britannique totale, Écossais et Bretons compris. La race celtique, si stable dans d'autres États, ébranlée ici par des causes multiples et une fois mise en mouvement, se montre donc tout aussi mobile que ses sœurs. Concluons comme le fait, au reste, l'auteur lui-même que « l'émigration a ses racines profondes dans la nature humaine, qu'elle est » de tout temps et de tout pays et que les circonstances » locales ou accidentelles ne peuvent qu'en modifier les » proportions sans en altérer le caractère. »

Eh bien! qu'on me permette de le dire, c'est là une vérité qu'il était utile de mettre au grand jour. On a trop oublié dans l'étude des races humaines, cet instinct inhérent à l'espèce entière, qui pousse tantôt les individus, tantôt les populations elles-mêmes à se déplacer parfois comme à plaisir, et à aller se faire une place ou se fondre au milieu de populations souvent très différentes. Pourtant l'histoire nous a conservé tantôt le récit plus ou moins complet, tantôt au moins les indices de ces mouvements. Comment admettre qu'ils n'aient eu lieu qu'au sein des peuples dont nous connaissons le passé? Quant à moi, plus j'étudie les races humaines, plus je trouve des traces profondes de ces mélanges ou de ces juxtapositions, résultant de l'émigration. De là vient l'importance que j'ai toujours attachée, que j'attache de plus en plus aux races mixtes; de là aussi ma conviction que, envisagés à ce point de vue, bon nombre de problèmes ethnologiques, jusqu'ici désespérément obscurs, s'éclaireront d'un jour tout nouveau.

Voyons ce que deviennent ces émigrants, et ici encore bornons-nous à indiquer quelques faits saillants.

Un des plus remarquables est l'espèce de partialité avec laquelle les émigrants de tout pays se portent aux États-Unis et presque en totalité dans les États libres. M. Duval a recherché avec beaucoup de sagacité et exposé avec une grande clarté les causes de cette préférence. Au premier rang, il place avec raison la facilité avec laquelle s'acquiert la propriété. Tout homme qui arrive aux États-Unis, sait qu'à jour fixe il pourra acheter, moyennant une somme de 263 fr. 68 c., 16 hectares de terrain, c'est-à-dire un espace suffisant pour nourrir une famille. Il sait, d'ailleurs, que si la vie de pionnier lui paraît trop rude, il pourra se procurer des fermes à tous les degrés de développement; depuis celles dont la terre est simplement débarrassée de la végétation sauvage jusqu'au domaine en plein rapport. Il sait encore que pour devenir propriétaire, il n'aura à subir aucune de ces formalités administratives, véritables fléaux de nos vieilles institutions et qui, presque partout ailleurs, poursuivent le colon jusqu'au fond des forêts vierges ou des déserts. — Sous tous ces rapports, les institutions des États-Unis, les habitudes qu'elles ont entraînées, doivent incontestablement servir de modèle à tout État jaloux de développer ses colonies par l'élément du dehors.

Un autre attrait bien puissant pour l'émigration, c'est la liberté. On sait combien elle est complète aux États-Unis; on sait aussi que, parfois, elle y dégénère en licence. Mais cet excès doit nécessairement répugner bien moins que l'excès contraire, à des émigrants toujours doués d'un esprit plus ou moins aventureux et qui, souvent, ne quittent leur patrie que pour fuir une ou plusieurs des formes dont s'enveloppe le despotisme.

Propriété, liberté; — voilà, évidemment avant tout, ce que cherche l'émigrant quelles que soient sa position première, sa race, sa nation. L'une et l'autre ne lui sont nulle part assurées comme aux États-Unis. Il est donc tout naturel que de toute part les divers courants d'émigration aient convergé vers ce centre. De 1815 à 1859, l'Union américaine a reçu, nous dit M. Duval, environ six millions d'âmes. En 1850. l'émigration représentait plus des onze centièmes de la population totale, et l'on calculait que, sans remonter au delà de 1790, on devait rapporter à la même origine le quart de cette même population. Ces chiffres parlent bien haut, mais il n'en est que plus intéressant de rechercher la nature de ces éléments étrangers, qui sont venus se greffer sur le vieux fond colonial, amené dans l'Amérique du Nord par des événements de toute sorte, et sous la conduite ou l'impulsion des Raleigh, des Smith, des Pen, etc.

La plus forte part, comme on devait s'y attendre, est fournie par le Royaume-Uni. Dans la période comprise de 1819 à 1855, on a des renseignements précis sur l'origine de 4 212 624 émigrants. 2 343 445, plus de moitié, par conséquent, viennent des îles Britanniques. L'Allemagne en fournit 1 306 087. Le reste de l'univers entier y compris l'Asie, l'Afrique et l'Amérique elle-même, n'a donné que 763 092 nouveaux sujets aux États Unis.

A en juger par ces chiffres, on pourrait croire, au premier abord, que le sang anglo-saxon se maintient à un assez grand degré de pureté, de l'autre côté de l'Atlantique, et l'on sait quelles sont à ce sujet les prétentions des Anglo-Américains. Eh bien! des chiffres de M. Duval, il résulte que ces prétentions ne sont rien moins que bien fondées. En effet, sur 994 223 individus relevant de la couronne d'Angleterre et dont on connaît l'origine, on ne trouve que 207 492 Anglais, c'est-à-dire moins du quart. Le reste se compose d'Irlandais en presque totalité et de quelques milliers d'Écossais et de Gallois. En admettant, ce qui est bien probable, que les mêmes rapports existent pour les émigrants d'origine indéterminée, on trouvera que sur les six millions d'êtres humains arrivés aux Étas-Unis depuis le commencement du siècle, on peut compter environ 500 000 Anglais seulement, contre 1 700 000 Celtes venus, comme eux, des îles Britanniques. Que l'on ajoute à ces chiffres deux millions à peu près d'Allemands, Suisses, Prussiens, etc... ; puis le contingent beaucoup moindre, il est vrai, des races latines en y comprenant la France; puis les quelques appoints fournis par les autres races de toute la terre, et l'on arrivera à cette conclusion que la population, appelée très improprement anglo-américaine, est d'ors et déjà à peu près aussi mélangée qu'aucune de nos populations européennes.

Or, ne l'oublions pas, en se juxtaposant sur le sol américain, ces races, quelle que soit leur origine, y perdent quelques-uns de leurs caractères premiers et en acquièrent de nouveaux. Ce fait fondamental pour l'histoire aussi bien que pour l'ethnologie a longtemps été nié et l'est encore. Mais chaque jour apporte sa preuve et c'est peut-être dans la contrée qui nous occupe que l'on trouve quelques-unes des plus sérieuses. Je les rappelle avec d'autant plus de plaisir, que je pourrais presque ne citer que des membres de notre société. C'est notre confrère, M. Elisée Reclus, qui a dit comment, à la Louisiane, le teint du nègre, comme celui du blanc, tournait à la peau rouge; c'est notre confrère, M. l'abbé Brasseur de Bourbourg, qui a retrouvé chez les blancs du sud et du nord de l'Union, les caractères moraux aussi bien que physiques des anciens aborigènes; c'est à notre confrère, M. Pruner-Bey, que nous devons des renseignements d'où il résulte que l'organisme est atteint jusque dans le squelette. Enfin et pour sortir un instant de ce cercle de famille, je citerai Knox, l'enfant terrible des doctrines qu'il défend. Lui aussi, il constate des modifications profondes chez les Européo-Américains; mais il ne voit là que des altérations morbides atteignant une race étrangère au sol et pronostiquant son extinction prochaine. Y aurait-il donc quelque chose de vrai dans cette assertion ? Pour nous rassurer, nous n'avons qu'à relire les chiffres recueillis par M. Rameau. Non. si l'émigration aux États-Unis, même dans la zone des États libres, n'est pas aussi innocente qu'on le dit trop souvent, — et M. Duval insiste avec raison sur ce fait, — elle n'est pas non plus inévitablement meurtrière, comme l'assure Knox. Mais là, comme ailleurs, elle entraîne la nécessité d'une acclimatation, c'est-à-dire des modifications destinées à mettre l'organisme européen en harmonie avec un milieu nouveau pour lui.

Ainsi, non-seulement les populations dites anglo-américaines sont beaucoup plus mélangées qu'on ne le croit d'ordinaire, non-seulement elles se composent d'éléments très divers, mais encore ces éléments sont en voie de transformation. Sur certains points, la métamorphose est déjà bien avancée. Or, elle s'est accomplie et se poursuit sans cesse, de la région des grands lacs au golfe du Mexique, sous l'empire de conditions trop différentes pour que les résultats se ressemblent. Depuis longtemps, les contrastes ont frappé les observateurs attentifs, et je ne puis mieux faire que de renvoyer aux écrits de M. Michel Chevalier ceux qui assimilent encore le Yankee du nord au planteur originaire de la Floride ou de la Virginie. En dépit de leur origine commune, ce ne sont plus seulement *deux peuples* ayant des institutions et des mœurs différentes ; ce sont, en réalité, *deux races* parfaitement distinctes, douées, dès aujourd'hui, d'aspirations et d'instincts souvent opposés, quelquefois hostiles.

Là est certainement la cause première des faits si graves en train de s'accomplir et qui n'ont pu surprendre que les esprits peu clairvoyants. Il y a plus de dix-neuf ans (1), j'ai cherché à montrer combien était faible et au fond illusoire l'union des États-Unis. Dès cette époque, sous ce nom commun d'Anglo-Américains, je voyais en réalité, non pas une nation unique, mais bien plusieurs nations distinctes et dont la séparation officielle ne pouvait être qu'une question de temps. Toutefois, je n'aurais pu croire que les faits vinssent si vite me donner raison. J'espérais qu'avant d'en venir à des luttes fratricides, Yankees et Virginiens uniraient encore longtemps leurs efforts contre le grand ennemi qu'ils semblaient s'être donné la tâche de combattre; qu'ils n'en viendraient aux mains qu'après avoir terrassé *la nature* et rempli le vaste espace ouvert à leurs conquêtes pacifiques. Mais ce *moyen âge sans guerre*, dont je traçais le tableau avec complaisance, n'était, hélas ! qu'une utopie.

Je me suis laissé entraîner bien loin du livre de M. Duval. La Société m'excusera. Le physiologiste s'est éveillé, en moi, à l'aspect des chiffres de l'économiste. Je tâcherai de le faire taire dorénavant.

La Société sait quelle était la prospérité sans cesse croissante des États-Unis avant les déplorables événements qui se déroulent sous nos yeux. Elle sait aussi ce qu'est l'Angleterre, et comment, en dépit d'une émigration incessante, cette contrée a vu chaque année s'accroître une population qui bientôt égalera celle

(1) *Revue des deux mondes*, mars 1853.

de la France. L'État qui reçoit le plus grand nombre d'émigrants et celui qui en fournit le plus, sont aussi ceux où les progrès sont les plus marqués, les plus rapides. De ce seul rapprochement, on peut tirer une conclusion que M. Duval a mise, d'ailleurs, hors de doute par d'autres exemples et sur laquelle il insiste avec raison. C'est que l'émigration est aussi utile à l'État qui donne qu'à celui qui reçoit. Par elle, le premier est débarrassé d'une foule d'existences difficiles ou impossibles à classer dans nos vieilles sociétés, et qui deviennent parfois dans le second les travailleurs les plus utiles, les producteurs les plus actifs. L'excès seul, porté jusqu'à la dépopulation, serait évidemment nuisible; mais cet excès est peu à redouter. Là où se manifesterait une pareille tendance, les gouvernements aujourd'hui suffisamment éclairés, sauraient bien l'arrêter en supprimant les causes du mal.

L'émigration exerce-t-elle donc toujours et partout une action purement bienfaisante? Malheureusement, non; et il faut bien que le professeur d'anthropologie l'envisage à un point de vue que me semble avoir trop négligé son collègue l'économiste, qui se contente ici d'une simple allusion.

A peu près partout où l'homme blanc a porté ses pas, il a trouvé la place prise par des races plus ou moins colorées; toujours, grâce à son intelligence, il a promptement pris le dessus soit par la ruse, soit par la force. Alors, au lieu de traiter les vaincus en frères, qu'il fallait progressivement élever jusqu'à lui, ou tout au moins en maître à peu près juste, il les a presque toujours écrasés et détruits. La race anglo-saxonne, plus que toute autre, mérite à cet égard les plus graves reproches; peut-être devons-nous ajouter, par cela seul que c'est elle qui colonise le plus. Elle n'écarte pas seulement les autres races de la terre qu'elle vient envahir, elle les extermine. Or, c'est là incontestablement *un crime* aux yeux de l'humanité. Ce devrait, en outre, être *une faute* aux yeux de l'économiste. N'est-il pas évident qu'il y a une perte sèche à détruire tous ces *bras d'homme*, au lieu de les utiliser?

Dira-t-on que les races inférieures sont incivilisables, que leurs représentants ne sauraient trouver place dans nos cadres sociaux et qu'il vaut mieux, par conséquent, qu'elles disparaissent pour faire place à la race supérieure? Je répondrais que, parmi les esprits éclairés, personne ne croit plus à ces prétendues impossibilités. Ne pouvaient-ils vivre que de la vie des chasseurs ces Chactaws qui, groupés en villages, et accroissant chaque année leurs cultures, envoyaient au marché, en 1835, 500 balles de coton après avoir suffi à leur consommation personnelle? Étaient-ils incivilisables ces Chérokees, qui avaient inventé un alphabet, introduit au milieu d'eux l'imprimerie et imprimé dans leur langue et en anglais des journaux rédigés par eux? Et pourtant Chérokees et Chactaws, dépouillés par les décrets de l'Union, décimés par les balles des Squatters, ont été chassés des champs qu'ils avaient défrichés; et parmi ceux qui survivent, bon nombre errent de nouveau dans les forêts la couverture sur l'épaule comme le faisaient leurs aïeux. Les blancs ont refait des sauvages de ces peaux rouges civilisées.

Laissons de côté la morale et la philanthropie ; n'y a-t-il pas là perte d'une part de forces vives? N'eût-il pas mieux valu, précisément au point de vue des intérêts que l'émigration cherche à satisfaire, laisser à ces tribus, désormais fixées, la terre qu'elles exploitaient à la façon des Européens et aller conquérir des déserts en dehors de leurs frontières ? L'économie politique n'avait-elle pas ici à corroborer de ses chiffres, les arguments de l'humanité ?

Quelque dégradée qu'elle soit par un long passé de misère, d'ignorance, d'isolement, la dernière des races humaines n'en conserve pas moins, à côté de ses caractères propres, les mêmes aptitudes essentielles, les mêmes instincts fondamentaux, que ses sœurs plus développées. Que n'a-t-on pas dit des Australiens, de ces hommes que certains écrivains ont dépeints comme des espèces de *singes viciés?* Et que nous apprend à leur sujet M. de Blosseville ? « *Quand l'intérêt l'a demandé,* » quand les bras européens ont fait défaut, on a parfaitement su retrouver en eux tout ce qu'on leur avait refusé jusque-là ; on a parfaitement compris qu'eux aussi avaient un rôle à jouer au sein de la société *blanche*, et, dès que ce rôle leur a été confié, ils s'en sont parfaitement acquittés. M. Duval constate, avec les écrivains locaux, qu'une fois arrivé en Australie, l'ouvrier, le manœuvre même d'Europe cherche à s'élever, et qu'à la première occasion le charpentier devient chargeur de navire et le maçon architecte ; notre confrère trouve cette tendance très naturelle et je ne l'en blâmerai pas. Mais à côté de ces chefs d'ateliers ne faut-il pas des manœuvres? Et ne vaudrait-il pas mieux *employer* les Australiens, que de les *tuer?* Ici encore, l'économiste ne pouvait-il intervenir avec autorité? N'avait-il pas quelques chiffres à rechercher et à citer?

Espérons, du reste, que la période des massacres est passée et que les colons australiens, comprenant mieux leurs intérêts, épargneront désormais ces hommes noirs que l'expérience a montré pouvoir faire de très bons bergers, d'excellents conducteurs de bœufs, des briquetiers, des défricheurs et jusqu'à des constables. (M. de Blosseville, *Histoire de la colonisation pénale en Australie.*)

J'ai cru ne devoir ni taire ni atténuer l'expression du regret que j'ai ressenti, en voyant M. Duval omettre dans son tableau des effets de l'émigration, l'amoindrissement, et parfois l'extinction des races indigènes. J'aurais aussi désiré, je l'avoue, que l'auteur eût indiqué, au moins, d'une manière générale, l'action exercée sur les populations émigrées par les diverses régions qu'elles sont venues peupler. On sait combien cette action est variable, et combien la nature de la race influe sur le résultat; tantôt facilitant l'acclimatation, et par suite la colonisation; tantôt rendant l'une et l'autre très difficiles, sinon impossibles. Dans ce dernier cas, le peuplement de la terre étrangère, but et fin de l'émigration, ne s'obtient qu'au prix de sacrifices souvent énormes. L'économiste n'avait-il pas à rechercher jusqu'à quel point ces sacrifices sont compensés? Tout en signalant les avantages généraux de l'émigration n'avait-il pas à montrer que pour certains lieux et pour certaines races, la dépense de vies d'hommes s'élève à un chiffre tel qu'il justifie presque ce qu'on a dit de plus absolu, sur le non-cosmopolitisme des races humaines ? C'eût été, il est vrai, jeter une ombre quelque peu funèbre sur le tableau jusque-là si riant que l'auteur a tracé de l'émigration ; mais, certes, ce n'est pas cette considération qui aurait arrêté un homme aussi désireux de vérités que l'est M. Duval.

Cette double omission signalée, je ne vois plus rien à dire, sinon que le travail me semble complet. Pour motiver ce jugement, je voudrais pouvoir suivre l'auteur au milieu des déductions et des faits qu'il presse à côté les uns des autres, sans que jamais la confusion se glisse au milieu de ces richesses. Mais à vouloir lui rendre pleinement justice, je ne sais trop quand finirait ce rapport déjà trop long.

Pourtant je ne puis conclure sans dire au moins quelques mots de la France. Voyons donc quel est le rôle joué par notre patrie au point de vue qui nous occupe.

Ce rôle est, en somme, très peu considérable. A part, trois points extrêmes, l'Alsace, le littoral méditerranéen et le pays basque, que sollicitent constamment des causes diverses, la France ne fournit qu'un contingent insignifiant à l'émigration. Sous ce rapport les générations actuelles se montrent bien inférieures à leurs aînées, car « il fut un temps, comme le dit M. Duval, où les colonies françaises ne le cédaient à aucune autre en nombre, en étendue, en importance, en prospérité. » Le caractère de la race aurait-il donc changé? Pas plus que l'auteur, je n'admets qu'il en soit ainsi. Quelles sont donc les causes réelles de notre infériorité notoire, au point de vue dont il s'agit? M. Duval en signale surtout deux. « D'abord, les dispositions du Code civil qui, chez nous, assurent à tout le monde une part de cette terre à laquelle on s'attache si vite et si fort ; puis, la centralisation excessive qui, embrassant tout et l'étreignant mal, étouffe en germe les entreprises fondées, comme la colonisation sur l'essor des forces individuelles. » Sur ces deux points, on ne peut, ce me semble, que partager pleinement les croyances de M. Duval.

A ces causes, dont l'action me paraît évidente, à quelques autres que signale l'auteur, j'en ajouterais encore une dont l'influence me paraît devoir être considérable. Je veux parler de la conscription et du maintien d'une grande armée où tout Français doit servir soit par lui-même, soit par son représentant. Jusqu'à l âge de vingt ans, la loi surveille le Français pour qu'il ne puisse échapper à ce terrible impôt ; de vingt à vingt-six ou vingt-sept ans, elle retient sous les drapeaux la fleur de la population pauvre ou au moins trop peu aisée pour s'acheter des remplaçants. Or, ce serait précisément cette classe qui, à l'âge des illusions et des ardeurs juvéniles, serait le plus aisément entraînée à aller chercher au loin le bien-être qu'elle ne peut trouver chez elle. A l'expiration du congé, les têtes se sont déjà refroidies ; on a quelque peu vu le monde en allant de caserne en caserne, et la chaumière paternelle est là prête à vous recevoir, juste au moment où, libre envers l'État, on ne saurait parfois que devenir. On y rentre donc pour n'en plus sortir ; tandis que si l'on était parti pour l'Amérique ou l'Australie, on y serait resté retenu par les intérêts créés par un travail de six ans.

Si le Français émigre peu, on ne va guère plus le trouver dans ses colonies. L'Algérie elle-même, si merveilleusement placée pour appeler les populations, au moins les populations riveraines de la Méditerranée, ne se peuple qu'avec une lenteur désolante, quand on la compare aux merveilleux progrès accomplis ailleurs. M. Duval ne touche qu'avec une extrême réserve aux causes de ce regrettable état de choses. Toutefois il est aisé de voir que la centralisation, les formalités administratives, la lutte des systèmes de colonisation, la prépondérance de l'élément militaire, la concession substituée à la vente des terrains, sont les raisons principales de la lenteur du développement colonial. Cette lenteur est telle qu'en trente ans il n'a été concédé que 280 000 hectares, c'est-à-dire la moitié d'un département français, et que la population rurale ne représente guère que celle d'un de nos arrondissements (1). Pourtant la France a le droit d'être fière de sa possession africaine. Cet ancien nid de pirates dont le commerce annuel s'élevait à peine à une valeur de 2 millions, a fait en 1859 un commerce de 237 millions, et verse annuellement au Trésor une somme de 20 millions, présentant un boni sur tous les frais d'administration.

Je n'ai parlé jusqu'ici que de l'émigration indépendante et sans engagement. L'émigration salariée avec engagement devrait nous arrêter encore. M. Duval l'a étudiée avec autant de soin que la précédente. Si cette

(1) Ces chiffres, empruntés à M. Duval, seraient, me dit-on, trop faibles aujourd'hui.

partie du livre est plus courte, c'est que les faits à exposer sont bien moins nombreux. Née d'hier et pour subvenir au défaut de bras que faisait craindre et qu'entraînait parfois la libération subite des anciens esclaves, cette émigration ne reconnaît encore que trois points d'origine : l'Inde, la Chine et l'Afrique. Elle aboutit exclusivement à quelques colonies naguère cultivées par les nègres. M. Duval, examinant avec soin les résultats des diverses expériences tentées dans cette voie, arrive vite à une conviction qu'il m'a fait aisément partager. C'est que l'émigration salariée ne sera réellement utile qu'en se rapprochant le plus possible des conditions résultant de l'émigration libre elle-même.

J'aurais voulu, messieurs, être à la fois plus court et plus long. Plus court, pour vous retenir moins longtemps ; plus long, pour mieux rendre justice à l'ouvrage remarquable de notre collègue. Je ne sais jusqu'à quel point j'aurai réussi à vous en donner une idée. C'est un travail qui, par sa forme, est bien peu susceptible d'être analysé ; mais j'essayerai de résumer ma pensée en quelques mots. Aujourd'hui que la science démontre et l'unité de l'espèce humaine et son cantonnement primitif, il faut bien admettre que les hommes, partis de leur centre de création, ont rayonné en tous sens pour couvrir la terre entière. L'histoire des émigrations humaines serait donc l'histoire de l'humanité même, et cette histoire se continue de nos jours comme par le passé. Eh bien ! M. Duval a écrit, et très bien écrit un chapitre de cette histoire. C'est assez dire quelle est la sérieuse valeur de son livre.

Paris. — Imprimerie de E. Martinet, rue Mignon, 2.

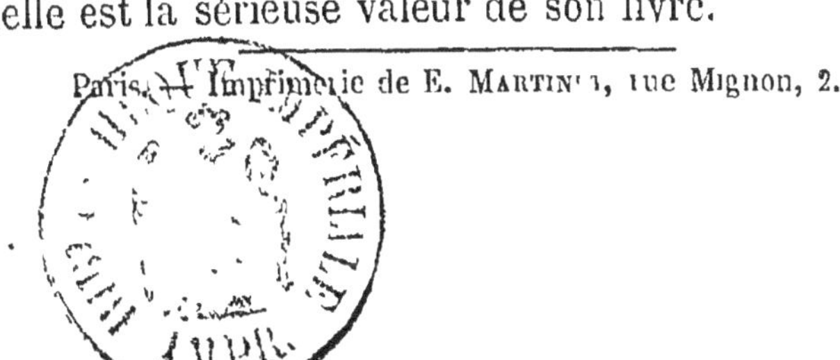

www.ingramcontent.com/pod-product-compliance
Lightning Source LLC
LaVergne TN
LVHW010321230826
846091LV00009B/3747

9782016139745